Thèse

POUR LA LICENCE.

L'Acte public sur les matières ci-après sera soutenu,
le vendredi 3 août 1855, à midi,

Par Joseph-Henry DUPOY, né à Dax (Landes).

Président : M. ORTOLAN, Professeur.

Suffragants :
MM. PERREYVE,
COLMET-DAAGE,
VUATRIN,
FERRY,

Professeurs.

Suppléant.

Le Candidat répondra en outre aux questions qui lui seront faites sur les autres matières de l'enseignement.

PARIS.

VINCHON, FILS ET SUCCESSEUR DE Mᵐᵉ Vᵉ BALLARD,
Imprimeur de la Faculté de Droit,
RUE J.-J. ROUSSEAU, 8.

1855.

A MON PÈRE, A MA MÈRE.

JUS ROMANUM.

COMMODATI VEL CONTRA.

(Dig., lib. xiii, tit. 6.)

Commodatum est contractus bonæ fidei, re constans, quo res gratis utenda datur ad tempus finem modumve certum ea lege, ut eadem ipsa in specie reddatur. De ipso contractu commodati prima sectione agemus, altera de actionibus quæ ex hoc contractu descendunt.

SECTIO PRIMA.

De contractu commodati.

In hoc contractu quartæ conditiones intervenire debent : 1° rei traditio; 2° certus usus per quem res consumi non possit; 3° gratuita concessio ; 4° restitutio in individua specie post certum tempus.

§ 1. — Rei traditio.

Traditionem intervenire necesse est quia neque pars dominii quam nudum usum vocamus in hoc contractu transmittitur, sed possessio tantum naturalis.

Itaque commodans rei et proprietatem et civilem possessionem retinet (L. 8, h. t.), præterea non requiretur ut qui commodat sit rei dominus dominive opinionem habeat (L. 15, h. t.), unde sequitur ut et si fur vel prædo commodavit habeat commodati actionem (L. 16).

§ 2. — Certus usus per quem res consumi non possit.

In hoc etenim differt commodatum a mutuo, ubi obligatio in his rebus consistit quæ pondere, numero mensurave constant, et quantitatis datæ dominium in accipientem transfertur ea lege ut ipsa quantitas reddatur in genere non in specie eadem. Quapropter non potest commodari id quod usu consumitur, nisi forte ad pompam et ostentationem quis recipiat (L. 3, in fine), ut puta pecuniæ quæ ad hoc commodantur ut dicis gratia numerationis loco ostendandur (L. 4, h. t.).

Cæterum commodari possunt non tantum res mobiles sed etiam soli, sicut apud jurisprudentes prævaluisse videtur. Etenim apparet apud Juvenalem divites poetis adversus publice recitandos sæpissime domum suam commodare.

> At, si dulcine famæ succensus recites
> Maculonus commodat ædes.
>
> Juv., satyr. 7.

Nihil autem refert in quam usus speciem res tradatur, sed qui commodatum accepit re uti non debet, nisi secundum legem

contractus. Itaque qui æquo vel vestimento aliter quam commodatum est utitur, furti tenetur (L. 5, § 8, h. t.; *Inst.*, l. 4.
tit. 1, § 8). Idem dicendum est et si post constitutum tempus
utatur.

§ 3. Gratuita concessio.

Nulla est commodato merces, quod si merces promittatur locatio conductio, non commodatum contrahitur; hinc Ulpianus
ait: Rem tibi dedi ut creditori tuo pignori dares; dedisti: non
repigneras ut mihi reddas, commodati actio locum habet, sed si
munus intervenit, tunc vel in factum, vel ex locato agendum
erit (L. 5, pr., § 12).

Ex hac gratuita concessione sequitur ut commodatum ple-
rumque solam utilitatem ejus cui commodatur; quapropter culpam præstet et diligentiam quod æquissimum est quia benefi-
cium accepit (L. 5, § 2). Hac ita, si duntaxat accipientis gratia
commodata sit res; at si utriusque, veluti si communem amicum
ad cœnam invitaverimus, tuque opus rei curam suscepisses, et
ego tibi argentum commodaverim scriptum apud quosdam inve-
nitur quasi dolum tantum præstare debeas, placet autem Gaio
et culpam præstandam esse ut ita culpæ fiat æstimatio sicut in
rebus pignori dotis et dotalibus æstimari solet. Interdum plane
dolum solum in re commodata, qui rogavit præstabit; utputa
si quis ita convenit, vel si sua duntaxat causa commodavit,
sponsæ forte suæ, vel uxoris quo honestius culta ad se deduce-
retur (L. 5, § 10).

§ 4. — Restitutio in individua specie post certum tempus.

Rem ipsam quæ commodata est non aliam restitui necesse est;
itaque qui rem utendam accepit ejus rei in specie debitor est,

inde obligatio extinguitur rei debitæ interitu, contra qui mutuum accepit non nummorum quos accepit in specie debitor est, sed generis et quantitatis quæ nunquam pereunt.

Quapropter, si quolibet fortuito casu quod accepit amiserit, veluti incendio, ruina, naufragio, aut latronum hostiumve incursu, nihilominus obligatus permanet. Quod autem diximus interitu, rei commodatarium liberari ita intelligendum est, si modo diligentior eam rem custodire non potuerit; interdum enim damnum ad eum qui commodatum rogavit, pertinet, ut puta si id, quod tibi commodatum est, peregre tecum ferre malueris et vel incursu hostium prædonumve, vel naufragio amiseris, aut si equum tibi commodavero, ut ad villam adduceres, tu ad bellum duxeris (L. 5, § 7), aut si incendio cum posses commodatam rem salvam fore, tuam prætulisti (L. 5, § 7). Illud denique notandum est, si forte res æstimata data sit, omne periculum præstandum ab eo qui æstimationem se præstaturum recepit.

Ex his omnibus juris regulis patet commodatum a precario tempore, a locatione et antichresi pretio, ab usufructu voluntatum consensu et natura juris, a mutuo autem dominii translatione distare.

SECTIO II.

De actionibus quæ ex commodato descendunt.

Ex hoc contractu duplex nascitur actio, directa et contraria. Et quidem civilis est non prætoria hæc actio commodati, quamvis prætor edicto suo polliceatur se ex commodato daturum judicium (L. 1, pr.). Et ita alias sæpissime prætores, ut moderatores juris civilis et custodes etiam actiones civiles edictis suis daturos se pollicebantur.

§ 1.   De actione directa.

Actio commodati directa est quæ competit ad restitutionem rei commodatæ. Competit commodatori adversus commodatarium ut obligationes quæ ex commodato oriuntur exsequatur. Non adversus eum tantum qui sui juris est, sed etiam filiumfamilias et servum et liberum hominem qui bona fide servit, non tantum adversus commodatarium, sed etiam heredem pro sua parte hæc actio dabitur (L. 3, § 3; L. 3, § 4; L. 17, § 2; l. 3; Co. commod.).

Impuberes autem hac actione non tenentur, quoniam nec consistit commodatum sine tutoris auctoritate, sed si locupletior pupillus factus sit, dandam videtur utilem commodati actionem, secundum Divi Pii rescriptum (L. 1, § ult.; L. 3, h. t.).

Ad rem restituendam actio datur, sed integra restituenda est non deterior; proprie enim dicitur res non reddita quæ deterior redditur, nisi præstetur quod interest, hæc ita nisi ex ipso usu ad quem commodata est deterior esset (L. 23, h. t.).

In hac actione ut in cæteris bonæ fidei judiciis similiter in litem jurabitur, et rei judicandæ tempus quanti res sit observatur (L. 3, § 2).

Denique notandum est non tantum commodati actionem domino competere, sed etiam rei vindicationem, quæ quidem non tantum adversus commodatarium datur, sed contra quamlibet aliam possessionem et adversus eum qui dolo fecit quominus possideret.

§ 2.   De actione contraria.

Contraria commodati actio, quæ ex post facto nascitur, commodatario commodatorem competit; ex pluribus causis datur, veluti si commodatarius prohibetur uti ad eum usum ad quem res commodata est (L. 5, § 8). Si majores impensas rei commodatæ causis commodatarius facere debuit, ut puta de impensis invaletudinem servi factis (L. 18, § 2).

Item contrario judicio agit commodatarius ejus damni nomine quod sensit ex vitio rei commodatæ; quod commodator cum sciret non prædixit : exempli gratia qui sciens vasa vitiosa commodavit, si ibi infusum vinum vel oleum corruptum effusumve est, condemnandus eo nomine est (L. 10, § 13, l. 22).

Quod autem contrario judicio consequi quisque potest, id etiam recto judicio quo cum eo agitur, potest salvum habere jure compensationis. Sed fieri potest ut amplius esset quod invicem aliquem consequi oporteat aut ideo de restituenda re non agatur, quia ea res casus intercidit aut sine judice restituta est. Tunc his casibus necessaria videtur contraria actio; quæ agitur etiam sine directa principali moveri potest.

DE PRECARIO.

(Dig., lib. XLIII, tit. 26.)

Nunc tractandum est de conventione quadam quæ maximam habet cum commodato similitudinem, loquimur de precario.

§ 1. — De natura precarii.

Precarium est, ait Ulpianus, quod precibus petenti utendum conceditur tamdiu quamdiu is qui concessit patitur; unde sequi videretur precarium aperta rogatione et concessione manifesta indigere ; sed et tacite quoque constitui posse hunc contractum Paulus docet : precario possidere videtur, non tantum qui per epistolam vel quacumque alia ratione hoc sibi concedi postu-

iavit, sed et is qui nullo voluntatis indicio, patiente tamen domino possidet (Paul., *Sent.*, L. 5, tit. 6, § 11). Ideo precarium ad
tempus rogaverit, finito tempore possidere, rursus precario con-
cedere (L. 4, § 4). A fortiori precaria possessio constitui potest
vel inter absentes veluti per epistolam (L. 9, h. t.). Sed necesse
est ut ex nulla alia quam precum causa possideat. Cæterum
et si antequam rogaret jam vel ex alia causa, vel sine causa rem
alienam possidebat, ex quo rogavit aliquem ut eam possideret,
incipit videri hanc precario possidere, et ex aliis causis possidere desinit (L. 6, § 3 ; L. 18, h. t.).

§ 2. — De origine precarii.

Quidam jurisconsulti recentiores ex concessionibus agri pu-
blici precarium ortum fuisse arbitrantur. Patres enim terras
sibi in agro publico concessas clientibus suis vicissim conce-
debant ea lege ut arbitrio reposcentis redderentur : porro quia
nulla potest civilis actio inter clientem et patronum competere,
prætores interdicto de precario jus ad libitum revocandi tuiti
sunt.

Sed præsertim ad alias juris institutiones hunc contractum
originem suam sumpsisse cogitamus, in pignoris enim consti-
tutione maximam habebat utilitatem; quotidie enim rogabantur
creditores ab his qui pignori dederant ut res pignori data precario relinqueretur. Tunc vero tacite subauditur conditio ad
quam durare debeat precarium : itaque si debitor rem pigne-
rátam precario rogaverit, soluta pecunia precarium solvitur,
quippe id actum est ut usque eo precarium teneret (L. 6, § 4 ;
L. 11, h. t.).

Aliis quibusdam casibus apparet precarii utilitas, exempli
causa, sæpissime emptio venditio contrahitur ea lege, ut ea quæ

distracta sunt precario penes emptorem essent quoad pretium universum persolveretur.

§ 3.   De inter precarium et quosdam alios contractus differentia.

Differt precarium a donatione eo quod qui donat sic dat ne recipiat : at qui precario concedit , sic dat quasi tum recepturus cum sibi libuerit precarium solvere. A commodato distat :

1° Quod res commodata non nisi finito usu ad quem tradita est reddi debet: contra res precario concessa, ei qui hunc concessit quandocumque reposcenti debet reddi.

2° In rebus soli et mobilibus, et in iis quæ in jure consistunt, sicut in actu per meum fundum consistere potest precarium, quod non in commodato locum habet.

3° Commodatarium tantum naturalem rei possessionem habere manifestum est, nec posse adversus alios rem persequi nisi tanquam domini procurator. Is autem qui precario habet etiam possidet ad interdicto (L. 4, § 1).

3° Non culpam præstat qui precario rogavit, sed tantum dolum quamvis hic qui commodatum suscepit præstet culpam et diligentiam. Præterea tamen culpam dolo proximam contineri quis merito dixerit (L. 8, § 3).

§ 4. — Quando cessit precarium.

1° Si precarium ad certum tempus constitutum est, hujus lapsu cessat. Sed si manente adhuc precario tu in ulterius tempus rogasti, prorogatur precarium (L. 5, h. t.). 2° Quum ad certam conditionem constitutum est, conditione adveniente solvitur. 3° Solvitur etiam precarium, si is qui precario possidebat, ex alia causa tunc possidere aut in ejus possessione esse cœperjt; puta eum conduxerit. 4° Solvitur denique precarium morte ejus qui concessit.

§ 5. — De actionibus quæ ex precario descendunt.

Interdictum de precario introductum a prætore cum nulla eo nomine juris civilis actio esset, ei competit a quo quis precario rogavit, ut precario habeat adversus eum qui precarium habet. Is quoque precario tenetur qui dolo fecit, ut habere desineret : *Quod precario ab illo habes*, aut dolo malo fecisti, ut habere desineres, qua de re agitur, illi restituas.

Hoc interdictum restitutorium est, quod ei qui de re sibi restituenda cautum habet non competit. Interdicto hæres ejus qui precario rogavit tenetur, quemadmodum ipse ex doli defuncti, quatenus ad eum pervenit. Post annum etiam competere hoc interdictum dicendum est. Uti quoque potest dominus actione præscriptis verbis quæ ex bona fide oritur. Verum quia forte nondum introducta erat, hæc actio præscriptis verbis, necesse fuit a prætore dari hoc interdictum quod etiam perexit, dari postquam actio præscriptis verbis introducta est.

POSITIONES.

I. Non major a commodatario exigitur diligentia quam a creditore, in pignoris contractu, vel a venditore. Abjicienda est triplicis culpæ doctrina.

II. Commodatarius ad restitutionem suarum impensarum retentionis jure corpora commodata retinere non potest.

III. Interdictum de precario etiam adversus hæredem rogantis competere videtur.

IV. Regula est eum qui precario habet possidere ad interdicta, nisi aliter conveniatur inter partes.

V. Precariæ concessiones inter patronum et clientem, non sunt unica precarii origo.

DROIT FRANÇAIS.

———◦———

(Code Nap., art. 1708-1778, 1874-1914.)

CHAPITRE PREMIER.

DISPOSITIONS GÉNÉRALES.

Cujas donne du louage une définition que l'enseignement a adoptée; il dit : *Locatio conductio est nuda conventio fruendi faciendive aliquid pro certa mercede. Fruendi* se réfère au louage des choses, *faciendi* au louage d'ouvrage.

Le louage des choses est un contrat par lequel l'une des parties s'oblige à faire jouir l'autre d'une chose pendant un certain temps et moyennant un certain prix que l'autre s'oblige à lui payer (1709).

Le louage d'ouvrage ou d'industrie est un contrat par lequel l'une des parties s'engage à faire quelque chose pour l'autre moyennant un prix convenu entre elles (1710).

Ces deux genres de louages se subdivisent en plusieurs espèces particulières; on distingue :

1° Le bail à loyer, louage des maisons, et celui des meubles ;

2° Le bail à ferme, celui des héritages ruraux ;

3° Le loyer, celui du travail ou des services ;

4° Le bail à cheptel, celui des animaux dont le produit se partage entre le propriétaire et cèlui à qui on les confie:

5° Les devis, marchés ou prix faits, ou louage des entrepreneurs et ouvriers travaillant avec la matière de celui qui les paye.

Le contrat de louage a plusieurs analogies avec la vente et l'usufruit; cependant, il existe entre eux de nombreuses et importantes différences. Il diffère principalement de la vente en ce que dans ce contrat le vendeur s'oblige à transférer à l'acheteur la propriété de la chose vendue; tandis que dans le louage, le locateur s'oblige seulement à faire jouir temporairement le locataire. Il diffère de l'usufruit dans ses causes, dans sa durée, dans ses effets, et notamment en ce que, dans les constitutions d'usufruit, le constituant, s'il est propriétaire de la chose, remplit toutes ses obligations en la délivrant; mais il ne répond pas de l'avenir, car il est obligé de *laisser jouir* l'usufruitier et non de le *faire jouir ;* tandis que dans le louage, le bailleur doit *faire jouir* le preneur, car son obligation est successive, se répétant *quotidie.*

L'usufruitier acquiert un *droit réel* sur la chose, droit absolu, opposable à tous, c'est-à-dire qu'il y a absence totale d'obligation entre le propriétaire et l'usufruitier. Si ce n'est l'obligation générale de laisser jouir, qui est imposée au premier au même titre qu'à tout le monde, tandis que dans le louage le bailleur doit *faire jouir* le preneur *singulis momentis ;* en un mot, ce dernier n'acquiert, selon nous, qu'une créance ⌐ ⌐ ⌐ qui a pour cause l'obligation où est le bailleur de le faire jouir pendant le temps convenu.

Ces considérations étaient la préface nécessaire du chapitre II, intitulé :

DU LOUAGE DES CHOSES.

On peut louer toutes sortes de biens meubles ou immeubles, pourvu que les choses soient dans le commerce; car ce qui ne peut être vendu, comme n'étant pas dans le commerce, ne saurait être la matière d'un louage; cependant, il est des choses qui sont dans le commerce et qui ne peuvent être louées : telles sont celles qui se consomment *primo usu,* comme le vin, le blé, car le preneur devant rendre à la fin du louage les choses qu'il a reçues, ne pourrait remplir son obligation, puisqu'il les aurait détruites en s'en servant; toutefois, on peut les louer *ad pompam et ostentationem*, car celui qui les loue ne les prenant que pour la montre, les rendra toujours dans leur état primitif; alors le louage a pour objet non la chose même, mais son exhibition.

Les droits d'usage et d'habitation, sauf convention contraire, ne peuvent être loués (art. 631, 634); il en est autrement du droit d'usufruit (art. 595).

On ne peut pas non plus louer un droit de servitude *principalement* et *per se;* car l'usage de la servitude ne peut se détacher de la jouissance du fonds.

Les choses dont le louage a lieu le plus fréquemment sont les fonds de terre et les maisons. La loi a donc tracé des règles particulières pour les baux à ferme et les baux à loyer : les unes leur sont communes, les autres spéciales. De là trois sections dans le chapitre II.

SECTION Ire.

Des règles communes aux baux des maisons et des biens ruraux.

Le contrat de louage, de même que les autres contrats, ne peut intervenir qu'entre personnes capables de s'obliger : c'est pourquoi les mineurs non émancipés, les interdits ne peuvent donner ni prendre à loyer. Mais il n'est pas nécessaire d'avoir la capacité d'aliéner les choses pour pouvoir les louer, il suffit d'en avoir l'administration ; ainsi le mineur émancipé, la femme séparée de biens, le prodigue, peuvent consentir des baux sans avoir besoin d'aucune autorisation ; mais ces baux, considérés comme de simples actes d'administration, ne peuvent excéder neuf ans.

Ceux qui ont la jouissance ou l'administration des biens sans avoir la propriété, comme l'usufruitier, le mari, le tuteur, peuvent consentir des baux, mais en se conformant aux règles tracées par la loi.

Quant à celui qui peut aliéner la chose, il peut en passer pour tout le temps qui lui convient, sans pouvoir toutefois dépasser le terme de quatre-vingt-dix-neuf ans.

Comment se forme et se prouve le contrat de louage ?

Le contrat de louage se forme par le seul consentement des parties dès qu'elles sont convenues de la chose et du prix, comme dans la vente ; la preuve s'en fait par écrit ou par le serment du propriétaire, si mieux il n'aime le déférer au locataire ; mais elle ne peut être reçue par témoins, lors même que le prix n'excéderait pas 150 francs, et qu'on alléguerait qu'il y a eu des arrhes données. Cette dérogation au droit commun se justifie par le désir qu'a eu le législateur de prévenir une foule de petits procès qui auraient pu naître au sujet des conventions du louage faites verbalement. S'il y a contestation relativement au *quantum* du prix du bail verbal dont l'exécution a commencé, on s'en rapportera aux précédentes quittances. A défaut de quittances, le propriétaire en sera cru sur son affirmation, pourvu qu'il la corrobore par son serment.

Le preneur a le droit de *sous-louer* et même de *céder son bail, si cette faculté ne lui a pas été interdite par le bail* (art. 1717). Cependant le colon partiaire ne peut ni sous-louer ni céder son bail, à moins de convention contraire, car c'est plutôt un associé qu'un fermier proprement dit (art. 1763). L'interdiction de sous-louer emporte l'interdiction de céder; car celui auquel on refuse le moins ne saurait avoir le plus ; mais l'interdiction de céder n'emporte pas toujours celle de sous-louer; cela dépend des circonstances : il faut rechercher l'intention des parties.

Quelles sont les obligations du bailleur ?

Il doit : 1° *délivrer au preneur la chose louée.*—Cette première obligation est de l'essence de ce contrat ; les deux autres ne sont que de sa nature ; aussi les parties peuvent-elles y déroger.

Ainsi, obligé de faire jouir le preneur pendant toute la durée du bail, le bailleur doit délivrer la chose en bon état de réparations de toute espèce, et il doit y faire, pendant la durée du bail, toutes les réparations qui peuvent devenir nécessaires, autres que les locatives ; de là il suit que si la chose livrée a des vices qui la rendent impropre à l'usage pour lequel elle a été louée, le preneur pourra demander la résiliation du bail , et la délivrance sera regardée comme non accomplie ; de plus, si ces vices lui ont causé quelque perte, il pourra se faire indemniser par le bailleur, quand même celui-ci

3

aurait ignoré les vices de la chose louée. Le motif de cette disposition de la loi paraît venir de ce que le bailleur, louant une chose pour un usage convenu, doit savoir si elle y est propre, et il est en faute s'il ne le sait pas. Toutefois ces vices ne doivent pas être apparents, car s'ils étaient apparents et que le preneur eût reçu néanmoins la chose, il n'aurait droit à aucune indemnité.

2° *Il doit entretenir la chose en état de servir à l'usage pour lequel elle a été louée.* — De là il suit que si, par exemple, pendant la durée du bail, la chose périt par cas fortuit en totalité, le bail est nécessairement résilié pour l'avenir ; si elle ne périt qu'en partie, le preneur peut demander une diminution du prix, ou même la résiliation du bail si la partie qui n'existe plus rend la chose impropre à l'usage convenu ; mais il ne peut demander aucune indemnité au bailleur.

3° *Il doit enfin faire jouir paisiblement le preneur pendant la durée du bail.* — Ainsi le bailleur ne pourra pas, pendant la durée du bail, changer la forme de la chose louée sans le consentement du preneur, car celui-ci a droit de jouir de la chose selon la nature qu'elle avait au moment du bail ; cependant il pourra faire de grosses réparations, pourvu qu'elles soient nécessaires, urgentes et telles qu'elles ne puissent être différées jusqu'à la fin du bail, et le preneur sera tenu de les supporter si elles durent moins de quarante jours ; mais si elles durent plus de quarante jours, il aura droit à une diminution du prix proportionné au temps et à la partie de la chose louée, dont il aura été privé : en tout cas, si ces réparations sont de nature à rendre le logement inhabitable pour le preneur et sa famille, celui-ci pourra faire résilier le bail.

Mais que décider si des tiers troublent la jouissance du preneur ? La loi fait une distinction entre les *troubles de fait* et les *troubles de droit*. Les troubles de fait ordinairement ne portent atteinte qu'à la jouissance personnelle : aussi est-ce au preneur, personnellement attaqué, à se défendre en son nom, à poursuivre les auteurs du trouble, s'il les connaît ; le bailleur ne répond donc pas des troubles de fait, mais il répond des troubles de droit qui portent sur la propriété du fonds. Si l'éviction prononcée contre lui est totale, le bail sera résilié ; si l'éviction est partielle, le preneur aura droit à une diminution du prix, sans préjudice des dommages-intérêts s'il y a lieu.

Le preneur devra dénoncer au bailleur le trouble ou l'empêchement ; toutefois le défaut de dénonciation ne lui fera perdre son droit à la garantie, qu'autant que le bailleur prouvera qu'il avait des moyens de faire cesser le trouble.

Quelles sont les obligations du preneur ?

Le preneur est tenu de deux obligations principales : 1° *de payer le prix du bail aux termes convenus;* 2° d'user de la chose en bon père de famille, et suivant la destination qui lui a été donnée par le bail, ou à défaut de convention suivant celle présumée d'après les circonstances. Si le preneur cause quelque dommage, soit en employant la chose à un usage autre que celui auquel elle est destinée, soit en n'en usant pas comme un bon père de famille, le bailleur peut demander des dommages-intérêts, et même, suivant les circonstances, faire résilier le bail.

Le preneur est encore tenu de rendre la chose dans l'état où il l'a reçue, excepté ce qui a péri ou a été dégradé par vétusté ou force majeure, et il doit la rendre conforme à l'état des lieux qu'il a dû faire dresser à son entrée en jouissance; s'il n'a pas été fait d'état des lieux, il est présumé avoir reçu la chose en bon état de réparations locatives, sauf la preuve contraire; de plus, il répond non-seulement des dégradations et pertes survenues par sa faute, mais encore de celles provenant du fait des personnes de sa maison.

Le preneur étant responsable des pertes survenues par sa faute pendant sa jouissance, il s'ensuit qu'il est responsable de l'incendie, qui, le plus souvent arrive par sa faute ; aussi, pour être déchargé de cette responsabilité, doit-il prouver qu'il est arrivé par *cas fortuit* ou *force majeure*, ou par *vice de construction* (par exemple, si l'on a mis une poutre trop près de la cheminée), ou que *le feu a été communiqué par une maison voisine.*

S'il existe plusieurs locataires dans une même maison, tous sont solidairement responsables de l'incendie, à moins qu'ils ne prouvent que le feu a pris chez l'un d'eux, auquel cas celui-là seul est tenu ; ou que quelques-uns ne prouvent que l'incendie n'a pu commencer chez eux, auquel cas ceux-là ne sont pas tenus. Cette disposition de la loi a pour objet d'obliger les locataires d'une même maison à se surveiller réciproquement. L'indemnité payée au propriétaire sera supportée par chacun d'eux par portions égales, car la différence des loyers ne peut pas établir une différence dans la présomption de faute, et celui qui, par l'effet de la solidarité, a été obligé de payer le dommage pour la totalité, a son recours contre ceux qui étaient responsables comme lui pour leur en faire supporter leur part. Il est bon de remarquer qu'il n'existe pas entre les locataires de la même maison une solidarité proprement dite, car ils ne sont pas constitués mandataires et représentants les uns les autres à l'effet de recevoir les poursuites du créancier ; ainsi l'assignation lancée contre l'un d'eux n'interromprait pas la prescription à l'égard des autres.

Comment finit le louage ?

Lorsqu'il s'agit d'un *bail écrit*, c'est-à-dire dont la durée est

déterminée et *limitée*, le bail cesse de plein droit à l'*expiration*
du *terme*, sans qu'il soit nécessaire de donner congé.

Mais, si à cette époque le preneur reste ou est laissé en possession, il s'opère un nouveau bail en vertu d'une convention
présumée que la loi appelle tacite reconduction, ou nouveau
contrat de louage convenu tacitement, et ce second bail est fait
aux mêmes conditions que le premier ; mais les cautionnements
et hypothèques consentis pour la sûreté du premier bail se
trouvent anéantis, à moins d'une nouvelle convention.

S'il y a eu *congé signifié*, bien que le preneur ait continué la
jouissance sans être inquiété par le bailleur, il ne pourra invo-
quer la tacite reconduction.

Lorsqu'il s'agit d'un bail *non écrit*, c'est-à-dire dont la durée
est *indéterminée*, la *signification d'un congé* suffira pour le faire
cesser; car les parties, n'ayant pas fixé le temps que doit durer
le bail, sont censées l'avoir fait durer jusqu'au moment où l'une
d'elles manifestera la volonté de le résoudre.

Le bail finit encore par la *perte de la chose louée* et par
l'inexécution des engagements contractés, par la consolidation
et par le mutuel consentement des parties, sauf les droits des
tiers, par exemple, d'un sous-locataire qui a un bail à date
certaine au moment de la convention de résiliation.

D'après la célèbre loi *Emptorem* (L. 9, au Code, *de locat. con-
duc.*), l'acquéreur de l'héritage affermé pouvait expulser le
preneur; mais le Code, dans l'intérêt de l'agriculture et du
commerce, lui a formellement refusé ce droit, mais seulement
dans le cas où le bail a été constaté par un écrit ayant date
certaine antérieure à l'aliénation (art. 1743), ou lorsque le
bailleur n'a pas expressément stipulé dans le contrat que le bail
finira par l'aliénation de la chose si l'acquéreur ne veut pas
continuer. Si l'acquéreur de la chose louée veut profiter de la
clause stipulée par le bailleur, il doit avertir le preneur, qui de

son côté a droit à une indemnité déterminée par les parties lors du contrat du bail, ou, à défaut de conventions à cet égard, déterminée par les art. 1445, 1446, 1447, suivant qu'il s'agit d'une maison, d'un bien rural ou d'une manufacture. Mais si le bail n'a pas date certaine antérieure à l'aliénation, le preneur peut être expulsé immédiatement; car le bail, à l'égard de l'acquéreur, est regardé comme n'existant pas. Cependant, le preneur expulsé peut se faire donner une indemnité par son bailleur.

Le principe qui permet au preneur, dont le titre a date certaine, d'opposer son droit à d'autres personnes qu'à son bailleur (art. 1743), c'est-à-dire aux tiers acquéreurs, a fait conclure par quelques personnes que ce droit du preneur était non plus, comme autrefois, un droit *personnel*, mais un droit *réel*. Nous pensons qu'il n'en est pas ainsi. Pour le démontrer, nous nous appuierons sur la loi du 28 septembre 1791, qui donnait à l'acquéreur le droit d'exiger la résiliation, mais en la soumettant à l'obligation d'un *congé*, ce qui entraîne bien l'idée d'une possession de la part du preneur. Si le droit du preneur est réel, ce droit est un démembrement du droit de propriété, par conséquent un droit *immobilier* susceptible d'hypothèque; or, cela ne saurait être admis (2118). Si c'est un droit réel, le preneur est alors associé à la propriété de la chose louée, et peut, en cette qualité, figurer en son nom dans les procès relatifs à la propriété de la chose louée. Or, les art. 1726 et 1727 ne lui donnent point qualité à cet effet. Le but du législateur, dans l'art. 1743, a été d'introduire dans le Code comme dans la loi de 1791 une disposition favorable aux intérêts généraux de l'industrie et de l'agriculture, en subrogeant l'acquéreur aux obligations du propriétaire en même temps qu'il le subroge à ses droits.

Un droit de rétention est accordé au preneur jusqu'à parfait payement de l'indemnité à lui due par le bailleur ou par le nouvel acquéreur, mais il n'a droit à une indemnité que dans le cas seulement où il invoque un bail ayant date cértaine.

L'acheteur à pacte de rachat ne peut user de la faculté d'expulser le preneur, jusqu'à ce que, par l'expiration du délai fixé pour le réméré, il devienne propriétaire incommutable.

SECTION II.

Des règles particulières aux baux à loyer.

Le propriétaire est autorisé à faire résilier le bail si le locataire ne garnit pas sa maison de meubles suffisants pour garantir le payement du loyer. Divers priviléges sur ces meubles lui sont accordés par l'art. 2102 du Code Nap. : 1° un privilége sur les meubles qui garnissent la maison louée; 2° le droit de revendiquer dans la quinzaine les meubles frauduleusement enlevés; 3° le droit de saisir par exemple sans titre exécutoire.

Les juges, en consultant l'usage des lieux, apprécieront si le locataire a suffisamment rempli son obligation ; il peut toutefois se libérer en offrant une autre sûreté, telle qu'une caution, un gage, une hypothèque.

Nous avons vu dans le chapitre précédent que le locataire a le droit de sous-louer, si cette faculté ne lui est pas interdite. S'il use de ce droit, le propriétaire acquiert une garantie de plus. Le prix de sous-location est un fruit civil que le locataire principal retire de la chose louée, il est donc juste que le bailleur puisse se l'attribuer par privilége en payement de ce qui lui est dû. Aussi a-t-il contre le sous-locataire une action directe pour tout ce dont celui-ci est débiteur envers le sous-locateur au moment de la saisie. Mais si le sous-locataire a déjà payé au locataire principal, il peut opposer ces payements au propriétaire, pourvu qu'ils n'aient pas été faits par antici-

pation. Ne sont pas réputés faits par anticipation les payements que le sous-locataire a faits, soit en vertu d'une stipulation portée en son bail, soit en conséquence de l'usage des
lieux.

Nous avons dit que le propriétaire avait une action directe
contre le sous-locataire ; l'intérêt de cette décision est impor-
tant, en effet. Supposons que le locataire soit en faillite
ou en déconfiture ; si le propriétaire a une action directe contre
le sous-locataire, ce qu'il en obtiendra lui appartiendra exclu-
sivement ; s'il ne peut l'atteindre qu'en exerçant l'action qu'a le
locataire principal, ce qu'il en obtiendra sera partagé au marc
le franc entre lui, propriétaire, et les autres créanciers du locataire principal. Nous pensons que l'art. 1753 accorde au propriétaire une action directe contre le sous-locataire, car en-
tendu autrement il ferait double emploi avec l'art. 1166.

Ce que nous venons de dire s'applique aussi bien aux baux à
ferme qu'aux baux à loyer.

Le locataire est tenu des réparations locatives ou de menu
entretien. On comprend sous ce nom les réparations désignées
par l'usage des lieux et dont une partie est énumérée par l'article 1754. Elles sont à la charge du locataire, parce que la loi
les présume occasionnées par son incurie ou sa malveillance ;
aussi cette présomption tombe-t-elle s'il prouve qu'elles ont été
occasionnées par vétusté, cas fortuit ou force majeure.

Ce que nous avons dit précédemment sur la tacite reconduction en matière de baux en général, se rapporte aussi aux baux
à loyer.

Quand on loue des meubles pour garnir un appartement, un
corps de logis ou une boutique, le bail de ces meubles est censé
fait pour le même temps que celui des appartements, corps de
logis ou boutiques, selon l'usage des lieux.

Si le bail a été résilié par la faute du locataire, celui-ci est tenu : 1° d'acquitter le prix du terme courant; 2° de continuer les payements du loyer pendant le temps nécessaire à la relocation, c'est-à-dire pendant le temps que l'usage des lieux laisse au bailleur pour s'assurer d'un nouveau locataire.

Un ancien usage, tiré de la loi *Æde*, permettait au propriétaire d'expulser le locataire en prouvant qu'il avait un *besoin essentiel* d'habiter sa maison. Le Code a supprimé cette faculté par l'article 1761, qui n'accorde au propriétaire le droit d'expulser le locataire qu'autant qu'il y a eu stipulation expresse dans le bail. Dans ce cas, le locataire n'a droit à aucune indemnité, mais un congé doit lui être signifié d'avance, aux époques déterminées par l'usage des lieux.

SECTION III.

Des règles particulières aux baux à ferme.

Le Code reconnaît deux espèces de baux en matière de biens ruraux :

Le *bail à ferme* proprement dit, par lequel un propriétaire loue son fonds à une personne, moyennant un prix que celle-ci devra lui payer. Ce prix peut consister soit en argent, soit en denrées.

Le *colonat* partiaire ou bail à métairie, dans lequel le preneur (colon partiaire) cultive un fonds de terre sous la condition d'en partager les fruits avec le bailleur.

Ce dernier bail est une espèce de société, d'où il résulte qu'ayant été fait *intuitu personæ*, le preneur ne peut pas, comme dans le bail à ferme, sous-affermer ou céder son bail, à moins que cette faculté ne lui ait été expressément accordée. En cas de contravention à cette règle, le propriétaire serait en droit de faire résilier le bail avec dommages-intérêts.

Nous avons vu que la première obligation du bailleur est de délivrer la chose louée. Pas de difficultés en matière de bail à loyer. En matière de bail à ferme, difficultés possibles, que l'art. 1765 prévient en renvoyant aux règles de la vente. Nous en conclurons que la différence entre la contenance déclarée au bail et celle livrée pourra, suivant les cas, donner lieu soit à une diminution du prix, soit à une augmentation, soit même à la résiliation du bail. Il faudra distinguer, dans tous les cas, entre le louage fait à tant la mesure, où la plus petite différence donne lieu à une réduction ou augmentation proportionnelle du loyer, et le louage fait pour un seul prix (*unico pretio*), où il n'y a lieu à augmentation ou diminution que si la différence est en plus ou en moins de plus d'un vingtième,

Le preneur est soumis aux obligations désignées par les articles 1766, 1767 et 1768, telles que : de garnir la ferme des bestiaux et ustensiles nécessaires à son exploitation ; d'engranger dans les lieux à ce destinés d'après le bail ; d'avertir le propriétaire des troubles de faits ou de droits commis sur la propriété. En cas de contravention à ces règles, le preneur est tenu de tous dépens, dommages-intérêts.

Il doit cultiver en bon père de famille et user de la chose suivant sa destination ; laisser, en sortant, à celui qui lui succède dans la culture, les logements convenables et autres facilités pour l'année suivante. Il est, en outre, obligé de laisser les pailles et engrais de l'année, s'il les a reçus lors de son entrée en jouissance.

L'obligation de payer le prix du bail a pour cause l'obligation contractée par le bailleur de procurer au preneur la jouissance de la chose louée ; si, dans un bail fait pour une année, la récolte entière a péri par cas fortuit, le bailleur n'ayant procuré au preneur aucune portion de jouissance, ce dernier obtient remise entière de son prix.

Mais la perte, au lieu d'être totale, n'est que d'une partie de la récolte. Alors nous distinguerons si cette partie est inférieure, ou supérieure à la moitié de la récolte que le fonds, produit année commune ; dans le premier cas, le preneur n'a droit à aucune indemnité ; dans le second, il a droit à une indemnité proportionnelle à la perte.

Supposons un bail fait pour plusieurs années.

La première condition pour que le fermier puisse demander une remise, c'est que, pendant sa jouissance, il y ait une année où la récolte a péri au moins de moitié. Cette condition étant remplie, il n'y aura lieu à une diminution de prix que si le déficit de l'année stérile n'a pas été compensé par un excédant, de la récolte faite pendant la durée du bail.

La question d'indemnité ne pourra donc être décidée qu'à la fin du bail, à moins que l'année stérile n'ait suivi l'année qui a produit l'excédant, cas auquel il n'y a pas lieu à réduction. Toutefois, lorsque le calcul doit être différé après l'expiration du bail, le juge peut, pour le moment, dispenser provisoirement le preneur de payer une partie, en raison de la perte soufferte.

Le fermier n'a du reste droit à aucune indemnité : 1° lorsque la perte des fruits est arrivée après leur séparation du sol ; 2° lorsque la cause de la perte était déjà existante et connue au moment du bail ; 3° lorsque le fermier s'est chargé des cas fortuits. Cette stipulation ne comprend pas les cas imprévus, tels que les ravages de la guerre, les inondations, à moins que les parties ne s'en soient formellement expliquées.

Lorsque le bail d'un fonds rural a été fait sans écrit, il est censé fait pour le temps qui est nécessaire au preneur pour recueillir la récolte.

Si, à l'expiration du bail à ferme, le preneur reste ou est laissé en jouissance, il se forme, par l'effet de la tacite reconduction, un nouveau bail en tout conforme au premier pour la durée, le prix et les conditions , sauf que le cautionnement et l'hypothèque, pris pour garantie du premier, ne garantissent pas le second.

Le législateur termine cette matière par une disposition toute d'exception et de privilége (loi du 16 décembre 1848) : « Le bailleur ne peut stipuler contre son fermier la sûreté extrême de la contrainte par corps. »

Enfin la loi du 23 mars 1855, dans son art. 2, est venue exiger la formalité de la transcription pour les baux d'une durée de plus de dix-huit années , de sorte qu'ils ne pourront jamais être opposés aux tiers pour plus de dix-huit ans, si, étant faits pour un temps plus long, ils n'ont pas été transcrits.

DU PRÊT.

(Code Nap., art. 1874-1891.)

Le prêt (du mot latin *prœstare*, procurer, faire avoir) est un contrat par lequel l'une des parties (le *prêteur*) livre une ou plusieurs choses à l'autre (l'*emprunteur*), qui les reçoit, soit pour s'en servir et les rendre après l'usage fini, soit pour en disposer comme elle l'entendra pour les consommer ; mais à la charge de rendre, à l'époque convenue, des choses semblables à celles qu'elle a reçues.

Lorsque l'emprunteur s'oblige à rendre la chose même qui lui a été prêtée, le prêt prend le nom de *commodat* ou *prêt à usage;* lorsque, au contraire, il s'oblige à rendre une chose pareille, il prend le nom de *mutuum* ou *prêt de consommation.*

Ces deux contrats sont réels, c'est-à-dire qu'ils ne sont parfaits qu'autant qu'il y a eu remise de la chose ; mais ils diffèrent entre eux sous plusieurs rapports, notamment en ce que, dans le prêt à usage , le prêteur conserve la propriété de la chose prêtée, tandis que, dans le prêt de consommation, il transfère la propriété de cette chose, mais à la condition que l'emprunteur lui en rendra une autre en tous points semblable : d'où il suit que, dans le prêt à usage, la perte de la chose prêtée, quoique fortuite, concerne le prêteur, car l'emprunteur était débiteur d'une espèce ou corps certain, et *debitor rei certæ interitu ejus liberatur;* et, dans le prêt de consommation, elle concerne l'emprunteur, car ce dernier ne devait pas un corps certain, mais une chose *in genere*, et *genera non pereunt.*

CHAPITRE PREMIER.

DU PRÊT A USAGE OU COMMODAT.

Le *prêt à usage* ou *commodat* est un contrat par lequel l'une des parties livre gratuitement une ou plusieurs choses à l'autre pour en retirer un usage qui ne les consommera pas, et lui permettra de les rendre *in specie*, après l'usage expressément ou tacitement convenu pour la restitution.

Ce contrat est *essentiellement gratuit et de pure bienfaisance;* il est réel en ce sens que les obligations qui lui sont propres ne peuvent se former sans la tradition d'une chose; mais il n'est pas nécessaire que cette tradition soit réelle, elle peut avoir lieu par le seul consentement des parties. Le Code semble ranger le commodat dans la classe des contrats synallagmatiques, mais il nous paraît bien plus rationnel que ce soit un contrat unilatéral. En effet, au moment où il se forme, l'emprunteur seul s'oblige directement, et si le prêteur se trouve obligé, ce n'est qu'indirectement, en vertu de certains faits postérieurs qui se rattachent au contrat, par exemple du fait des dépenses que l'emprunteur a été obligé de faire pour conserver la chose. Ce n'est pas un contrat synallagmatique, car il n'est que l'occasion et non la cause des obligations du prêteur. C'est ainsi que nous devons expliquer et justifier la marche suivie par le Code, qui consacre deux sections, l'une aux obligations de l'emprunteur, et l'autre aux obligations du prêteur.

Pour que le contrat de commodat puisse exister, il faut, outre les conditions essentielles à tout contrat (1108) :

1° *Qu'une des parties livre une chose à l'autre;* l'emprunteur ne pourrait pas, en effet, s'en servir, si elle ne lui était pas livrée. Le commodat est donc un contrat réel, en ce sens que les obligations qui lui sont propres ne peuvent pas se former sans la tradition de la chose. Il n'est pas nécessaire que cette tradition soit réelle, elle peut avoir lieu par le consentement des parties.

2° *Que cette chose soit livrée dans le but de procurer à celui qui la reçoit la faculté de s'en servir,* autrement ce serait un véritable dépôt et non un prêt à usage. Nous devons considérer ici l'usage, non comme un démembrement du droit de propriété, mais comme un démembrement du droit personnel d'user de la chose.

3° *Que celui qui la reçoit contracte l'obligation de la rendre,* autrement il y aurait donation; et *de la rendre in individuo,* autrement il y aurait prêt de consommation.

4° *Que celui qui la livre ne stipule aucun prix,* sinon ce serait un louage, si le prix était en argent; ou un contrat innommé s'il consistait en autre chose.

Tout ce qui est dans le commerce peut être l'objet d'un commodat, les immeubles comme les meubles; mais il n'en est pas de même des choses qui se consomment par l'usage, excepté lorsqu'elles ont été prêtées *ad pompam aut ad ostentationem.*

La chose d'autrui peut même être l'objet d'un prêt à usage, sauf cependant la revendication du véritable propriétaire; mais tant que celui-ci n'est pas intervenu, le contrat est valable et produit tous ses effets entre les parties contractantes.

OBLIGATIONS DE L'EMPRUNTEUR.

L'emprunteur ne doit employer la chose prêtée qu'à l'usage expressement indiqué par la convention, ou, à défaut de convention expresse, à l'usage naturel et ordinaire auquel elle est propre, pendant le temps expressément ou tacitement convenu.

Il doit la restituer au temps convenu ; cette obligation entraîne celle d'apporter à sa conservation tous les soins d'un bon père de famille, c'est-à-dire d'un homme soigneux. Si à l'époque où il doit la restituer, la chose a péri, l'emprunteur sera délivré de son obligation en prouvant qu'il a rempli les conditions précédentes, ou qu'elle a péri par cas fortuit ou de force majeure.

L'emprunteur répond néanmoins des cas fortuits ou de force majeure dans les cas suivants :

1° S'il a employé la chose à un autre usage, ou pendant un temps plus long qu'il ne le devait ;

2° Si elle a péri dans un événement où il aurait pu la garantir en employant la sienne propre, ou si ne pouvant conserver que l'une des deux il a préféré la sienne ;

3° S'il s'est chargé par le contrat de tous les risques de la chose ;

4° Si la chose a été estimée lors du contrat. Cette estimation, bien qu'elle ne le rende pas propriétaire, le rend responsable, parce que la loi, par suite de l'intérêt que mérite le prêteur, suppose qu'en faisant estimer la chose qu'il prête, il a eu pour but de s'assurer à tout événement ou sa restitution ou sa valeur.

L'emprunteur ne peut en aucune façon retenir la chose prêtée par compensation de ce que lui doit le prêteur pour le remboursement des dépenses qu'il aura faites pour la conservation de la chose; en effet, l'emprunteur est débiteur d'un corps certain, le prêteur débiteur envers lui d'une quantité, et la compensation ne peut avoir lieu qu'entre choses de même nature. Si plusieurs personnes ont conjointement emprunté la même chose, elles en sont solidairement responsables envers le prêteur.

OBLIGATIONS DU PRÊTEUR.

Les obligations du prêteur, comme nous l'avons déjà dit, ne prennent pas directement naissance du contrat, elles ne naissent qu'après coup, par suite de circonstances étrangères et postérieures au contrat.

Le prêteur est tenu de laisser user l'emprunteur de la chose louée pendant tout le temps stipulé; mais comme il serait injuste que celui qui a rendu un service eût à souffrir de sa générosité, la loi autorise le juge à faire restituer la chose avant qu'elle ait rempli sa destination, si le prêteur prouve qu'il en a un besoin pressant, et que ce besoin ne pouvait pas être prévu au moment du contrat.

Le prêteur est tenu de rembourser à l'emprunteur les dépenses que ce dernier aura faites, s'il est prouvé que ces dépenses étaient nécessaires à la conservation de la chose et tellement urgentes qu'il n'a pu en avertir le prêteur. Quant aux dépenses faites pour l'usage de la chose, le prêteur n'en est pas tenu.

Si au moment du contrat la chose a des défauts non apparents, et tels qu'ils puissent causer du préjudice, le prêteur sera tenu des dommages et intérêts s'il avait connaissance de ces défauts et s'il n'en a pas averti l'emprunteur.

Le prêteur, enfin, pour rentrer en possession de sa chose a

deux actions : 1° l'action *commodati,* action personnelle née du prêt et ayant pour cause l'obligation contractée par l'emprunteur de restituer la chose : cette action se prescrit par trente ans; 2° l'action en *revendication,* fondée sur le droit de propriété qui lui est resté. Cette action n'est pas prescriptible, car l'emprunteur, détenant la chose au nom du prêteur, est un possesseur *précaire* qui ne peut acquérir la propriété par prescription que dans le cas où le titre de sa possession se trouve interverti, par exemple, si l'emprunteur conteste le droit de propriété du prêteur.

DU PRÊT DE CONSOMMATION.
(Code Nap., art. 1891-1914.)

De la nature du prêt de consommation et des obligations qu'il fait naître. — Le prêt de consommation est celui qu'on appelle *mutuum.* C'est un contrat par lequel l'un des contractants donne et transfère gratuitement, ou moyennant un prix appelé intérêt, la propriété d'une somme d'argent ou d'une certaine quantité d'autres choses qui se consomment par l'usage, à l'autre contractant, qui s'oblige de lui en rendre autant.

Cinq conditions sont nécessaires à l'existence du prêt de consommation; il faut :

1° Qu'il y ait une somme d'argent ou une certaine quantité d'autres choses qui se consomment par l'usage, qui en soit la matière, et qu'elle soit prêtée pour être consommée; si, en effet, ces choses n'étaient prêtées que *ad ostentationem,* ce serait un prêt à usage, *commodatum,* et non un prêt de consommation.

2° Que la délivrance en soit faite à l'emprunteur; cette tradition peut être consensuelle, par exemple, lorsque l'emprunteur détenait la chose en qualité de dépositaire

3° Que la propriété lui en soit transférée; cette condition forme le caractère essentiel du prêt de consommation; c'est ce qui le distingue du prêt à usage. De là il suit que si le prêteur n'est pas propriétaire de la chose prêtée, le prêt n'est pas valable, à moins qu'il ne le prête du consentement du propriétaire. Il faut, en outre, qu'il soit capable d'aliéner. Un prêt fait par un mineur, un interdit ou une femme mariée ne serait donc pas valable.

4° Que l'emprunteur s'oblige à rendre, à l'époque et au lieu convenus, des choses égales en quantité et qualité à celles qui lui ont été données, ou égales en valeur, si l'objet prêté est une somme d'argent. Le prêt de consommation ayant transféré à l'emprunteur la propriété des choses prêtées, et ce dernier les ayant consommées, il ne peut pas, comme dans le commodat, rendre les mêmes choses *in individuo*; mais il est tenu de rendre des choses égales en qualité et quantité; par conséquent, que celles qui lui ont été prêtées viennent à périr par cas fortuit, il n'est pas pour cela libéré de son obligation, qui a pour objet, non pas les choses qui ont péri, mais un genre qui ne périt pas.

On peut prêter des choses autres que de l'argent monnayé, et de l'argent monnayé. Dans le premier cas, l'obligation pour l'emprunteur est de restituer des choses semblables en qualité et quantité à celles qui ont été prêtées. Il ne doit restituer que cela, quels que soient les changements survenus dans la valeur estimative des choses prêtées. S'il est dans l'impossibilité de restituer des choses semblables à celles qu'il a reçues, il doit en restituer l'estimation. Mais quelle estimation? Sera-ce celle des choses prêtées ou celle des choses à restituer? La loi, art. 1903 distingue : si le temps et le lieu de la restitution ont été réglés par les parties, l'emprunteur restitue une somme égale à celle que valent les choses à restituer au temps et au lieu où elles doivent l'être; s'ils n'ont pas été réglés, il doit une

somme égale à celle que les choses prêtées valaient au temps
et au lieu du prêt.

Le prêteur ne pourrait pas, comme dans le prêt à usage, demander la restitution avant le temps convenu, quand même il
justifierait qu'il lui est survenu un besoin pressant et imprévu
d'avoir une chose semblable à celle qu'il a prêtée.

Si aucun terme n'a été stipulé, le prêteur peut demander la
restitution quand bon lui semble. Cependant le tribunal *doit*
accorder à l'emprunteur un délai plus ou moins long, suivant les
circonstances. S'il a été convenu que l'emprunteur payera quand
il pourra, ou quand il en aura les moyens, le juge fixera l'époque de la restitution.

5° Enfin, il faut que le consentement des parties intervienne
sur toutes choses, c'est-à-dire sur les choses prêtées, sur la
translation de propriété et sur l'obligation d'en rendre autant.

DU PRÊT A INTÉRÊT.

Le prêt à intérêt est le prêt de consommation, dans lequel
le prêteur stipule un dédommagement pour la privation momen-
tanée de sa chose.

L'intérêt est, par conséquent, la différence en plus entre la
valeur prêtée et la valeur à rendre.

Le prêt à intérêt est naturellement gratuit; tandis que le
prêt à usage l'est essentiellement.

L'usure est l'intérêt exagéré, celui qui dépasse l'intérêt qu'il
est permis de stipuler.

Plusieurs ordonnances royales, à l'exemple du droit canon,
avaient, dans notre ancien droit, prohibé toute stipulation d'intérêt en matière de prêt. Les pays coutumiers observèrent ces
ordonnances, mais les pays de droit écrit suivaient le droit ro-
main, en y apportant quelques restrictions. Il était, du reste,

facile d'éluder ces prohibitions, au moyen d'un autre contrat, appelé constitution de rente, contrat dans lequel le taux de l'intérêt légal était de cinq pour cent.

L'Assemblée constituante modifia cet état de choses par un décret du 12 octobre 1789, déclarant licite le prêt à intérêt, en abandonnant la fixation du taux de l'intérêt à la volonté des parties, mais restreignant les stipulations d'intérêt en matière civile au taux fixé par la loi. Lors de la discussion du Code Napoléon, on sentit bien la nécessité de réprimer la fixation du taux de l'intérêt laissé à la volonté des parties ; mais les circonstances difficiles dans lesquelles on se trouvait alors ne permirent pas de prendre les mesures nécessaires ; c'est pourquoi l'on distingua l'intérêt légal et l'intérêt conventionnel, et que l'on déclara en principe qu'il appartenait au législateur de fixer le taux de l'intérêt légal ; pour l'intérêt conventionnel, les parties étaient seulement tenues d'en indiquer le taux par écrit. Enfin la loi du 3 septembre 1807 défendit toute stipulation d'intérêt qui excéderait cinq pour cent en matière civile et six pour cent en matière commerciale. C'est cette loi qui régit aujourd'hui le prêt à intérêt.

L'emprunteur qui a payé des intérêts qui n'étaient pas stipulés, ne peut ni les répéter, ni les imputer sur le capital. La loi présume qu'il n'a payé que pour satisfaire à une obligation naturelle dont il reconnaissait la légitimité ; or le payement d'une dette naturelle n'admet pas de répétition.

Si le prêteur a donné quittance du capital sans réserve des intérêts, la loi présume qu'il les a touchés, et il ne peut plus les réclamer à l'emprunteur, car la quittance a opéré la libération de celui-ci.

DES RENTES.

Une rente, dans le sens le plus général, est le droit d'exiger des prestations périodiques appelées arrérages.

Les rentes se divisent en rentes perpétuelles et en rentes viagères. Dans notre travail, nous n'avons à nous occuper que des premières.

Sous l'ancien Code, les rentes perpétuelles étaient : le droit d'exiger les intérêts d'un capital qui n'est pas exigible de la part du créancier, mais qui est remboursable à la volonté du débiteur. Elles se subdivisaient en rentes constituées et en rentes foncières.

La rente constituée est une créance de prestations périodiques, en argent ou en denrées, acquises moyennant l'aliénation d'un capital mobilier. Imaginée pour remédier à la prohibition du prêt à intérêt, cette rente était essentiellement rachetable, c'est-à-dire que le débiteur pouvait, nonobstant toute stipulation contraire, se libérer de l'obligation de payer les arrérages en remboursant le capital.

La rente foncière était un démembrement de propriété retenu sur un immeuble qu'on aliénait, en vertu duquel l'aliénateur de l'immeuble pouvait exiger à perpétuité, c'est-à-dire pour lui et les siens, des prestations périodiques, soit de l'acquéreur, soit de toute autre personne détenant l'immeuble aliéné.

Le *bail à rente* était un contrat par lequel une des parties cédait à l'autre un immeuble moyennant des revenus déterminés, soit en argent, soit en denrées, grains ou animaux, payables chaque année à titre d'arrérages, avec retenue sur l'immeuble aliéné d'un droit réel, pour assurer l'acquittement de cette prestation, et la *rente foncière* était le droit d'exiger ces arrérages.

Ce droit réel , indivisible comme l'hypothèque, suivait l'immeuble en quelque main qu'il eût passé, et celui qui le détenait était obligé de payer les arrérages, à moins qu'il ne préférât déguerpir. Cette dernière faculté lui était même interdite, si dans le contrat il s'était obligé personnellement à faire valoir et fournir les arrérages.

Le débiteur de la rente ne pouvait la racheter que dans deux cas : 1° lorsque cette faculté avait été stipulée dans le contrat; 2° indépendamment de toute clause, quand l'immeuble cédé était une maison sise à la ville.

Les lois de 1789 et 1790, afin de faciliter la circulation des biens, décidèrent que toutes les rentes perpétuelles étaient rachetables.

Sous le nouveau Code, la distinction précédente n'existe plus : toute rente est une simple créance d'arrérages. Elle peut être constituée à titre onéreux par l'aliénation d'un capital mobilier ou moyennant un immeuble ; à titre gratuit par donation et testament.

Il y a cependant certaines différences entre la rente constituée moyennant l'aliénation d'un capital mobilier, et la rente constituée moyennant l'aliénation d'un immeuble.

Nous pouvons dire que la constitution de rente moyennant l'aliénation d'un capital mobilier n'est qu'une espèce de prêt : en effet, ce qui différencie ces deux contrats, c'est que dans la constitution de rente, le créancier ne peut jamais exiger du débiteur le capital de cette rente; il n'est que créancier des arrérages. Dans le prêt, au contraire, le créancier tôt ou tard, à l'arrivée du terme, sera en droit de réclamer son capital. Une autre différence, c'est que, dans le prêt, les intérêts ne peuvent être capitalisés qu'autant qu'ils sont dus et échus pour un an; les arrérages d'une rente, au contraire, sont capitalisés et rendus productifs d'intérêts dès qu'ils sont échus.

Cette rente est essentiellement rachetable (art. 1911); les parties peuvent néanmoins stipuler qu'elle ne pourra l'être pendant un certain temps qui ne pourra excéder dix ans.

Toutefois nous devons dire que le créancier est en droit d'exiger le remboursement du capital : 1° si le débiteur cesse de remplir ses obligations pendant deux ans; 2° lorsqu'il manque de fournir les sûretés promises par le contrat; 3° lorsqu'il tombe en faillite ou en déconfiture (1913).

La rente constituée moyennant l'aliénation d'un immeuble diffère de l'ancienne rente foncière, qu'elle a remplacée, en ce que le créancier des arrérages ne peut pas agir directement contre le tiers détenteur, et peut le forcer à délaisser l'immeuble s'il ne préfère payer les arrérages, que sous la condition d'agir préalablement en résolution contre l'acquéreur primitif. Outre l'action en résolution, le créancier a encore un privilége sur l'immeuble aliéné.

Cette rente, comme celle constituée moyennant l'aliénation d'un capital mobilier, est essentiellement rachetable lorsqu'elle est perpétuelle, c'est-à-dire pour un temps excédant quatre-vingt-dix ans. Quand la rente est rachetable, le débiteur se libère en restituant, non l'immeuble qu'il a reçu, mais un capital en argent. Pour déterminer ce capital, on distingue si les arrérages consistent en argent ou en denrées, grains ou animaux. Dans le premier cas, conformément à la loi du 19 décembre 1790, on multiplie par 20 la somme payée annuellement, et le produit est le capital que doit rembourser le débiteur. Dans le second, on prend le prix moyen des denrées pendant les quatorze dernières années, en retranchant les deux plus fortes et les deux plus faibles, et l'on multiplie par 25.

La rente viagère est une créance d'arrérages payables pendant la vie d'une ou plusieurs personnes déterminées, le plus ordinairement la vie du créancier.

Les règles concernant les rentes viagères sont établies au titre des Contrats aléatoires.

QUESTIONS.

I. Le bail confère-t-il au preneur un droit réel? — Non.

II. La solidarité établie par l'art. 1734 est-elle une solidarité parfaite ? — Non ; conséquences.

III. Le propriétaire a-t-il contre le sous-locataire une action directe ? — Oui.

IV. La présomption de faute établie contre le locataire subsiste-t-elle lorsque le propriétaire habite lui-même la maison ? — Oui.

V. Si le locataire ne remplit pas ses engagements, le propriétaire peut-il expulser le sous-preneur, lorsque ce dernier est en règle à l'égard de son bailleur ? — Oui.

VI. Le bail à ferme finit par la mort du preneur, sauf convention contraire.

VII. Le commodataire a-t-il un droit de rétention pour les dépenses faites pour la conservation de la chose prêtée ?—Non.

VIII. Le délai de l'art. 1912 est-il fatal ? — Distinction entre les rentes quérables et les rentes portables.

IX. L'art. 1908 exclut-il la preuve contraire ? — Non.

Vu par le Président de la thèse,
ORTOLAN.

Vu par le Doyen,
C.-A. PELLAT.